W0094668

1. Lese-stufe

Lies dich fit!

Manfred Mai

Maus-Alarm in der Schule

Mit Bildern von Patrick Wirbeleit

Ravensburger Buchverlag

Tägliches Lesetraining mit StickerspaĂ

Bibliografische Information der Deutschen Nationalbibliothek:

Die Deutsche Nationalbibliothek verzeichnet diese Publikation
in der Deutschen Nationalbibliografie.
Detaillierte bibliografische Daten sind im Internet
über http://dnb.d-nb.de abrufbar.

1 2 3 4 5 E D C B A

Ravensburger Leserabe
© 2018 Ravensburger Buchverlag Otto Maier GmbH
Postfach 18 60, 88188 Ravensburg
Umschlagbild: Patrick Wirbeleit
Printed in Germany
ISBN 978-3-473-36537-1

www.ravensburger.de
www.leserabe.de

Inhalt

1. Im Klassenzimmer   8

2. Eine Maus in der Bücherei   14

3. Aufregung im Lehrerzimmer   21

4. Auf dem Pausenhof   26

5. Wettlauf in der Sporthalle   32

6. Im Musiksaal   38

Hallo,

ich bin der Leserabe!

Lesen lernen ist gar nicht schwer, wenn du jeden Tag übst. 10 Minuten pro Tag reichen aus!

Auf den nächsten beiden Seiten lernst du die Figuren der Geschichte kennen. Und dann kann's auch schon losgehen!

Lesen
Lies jeden Tag
eine Geschichte.

? Rätseln
Löse die
beiden Rätsel.

⭐ Stickern
Klebe die passenden
Sticker ein.

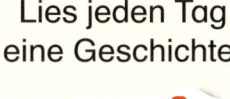
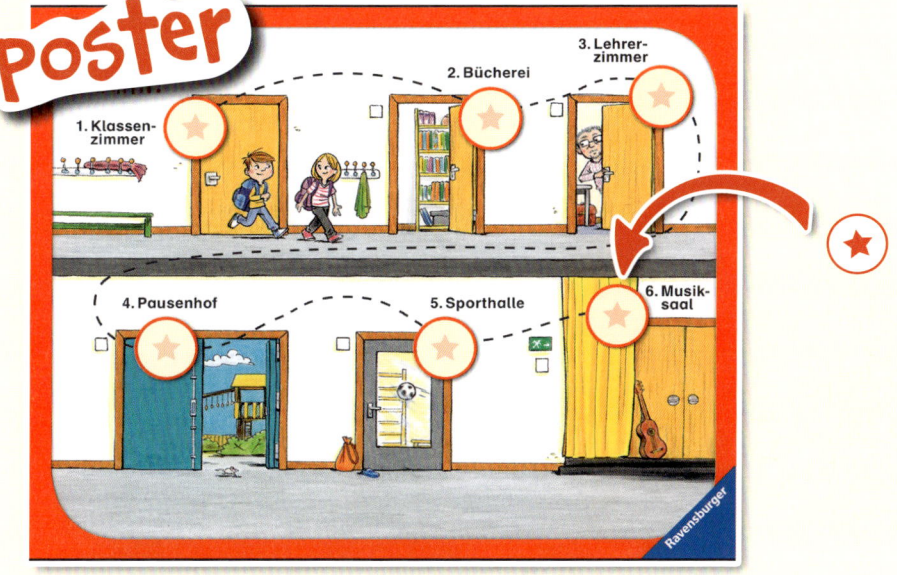

**Nach jeder gelesenen Geschichte darfst
du einen Stern in dein Leseposter kleben.**
So kannst du sehen,
wie weit du schon bist.
Wenn alle Sticker eingeklebt sind,
bist du fit wie ein Turnschuh!

Auf geht's!

Figuren

Mia ist sechs Jahre alt
und geht in die 1. Klasse.
Sie mag Tiere
und kann sehr gut reiten.

Paul ist schon sieben.
Er geht auch in die 1. Klasse
und spielt am liebsten Fußball.
Außerdem liest er gern.

1. Im Klassenzimmer

Es klingelt,
die fünfte Stunde ist zu Ende.
Die Kinder der Klasse 1a
packen ihre Sachen zusammen
und gehen nach Hause.

Auch Paul schwingt seinen Ranzen
auf den Rücken und will gehen.

„He, Paul! Warte!", ruft Mia.
„Was ist?", fragt Paul.
„Wo willst du denn hin?"
„Nach Hause", antwortet er.
„Aber wir haben doch jetzt Chor",
sagt Mia.

9

Paul schaut sie
mit großen Augen an.
„Oh, das hab ich ganz vergessen."
Mia zwinkert. „Aber ich nicht."

Mia und Paul singen
seit acht Wochen im Chor.
Paul vergisst das manchmal,
aber dann erinnert Mia ihn daran.
Und so gehen sie auch heute
gemeinsam zum Musiksaal.

Leserabe Rätsel

Wie heißen die beiden Kinder?

Ersetze die Bilder
durch die Anfangsbuchstaben!

Wo wollen Mia und Paul hin?

Folge den Linien!

O	C	R	H

Lösungen
Rätsel 1: Paul, Mia
Rätsel 2: Chor

2. Eine Maus in der Bücherei

„Pst", macht Paul plötzlich
und legt einen Finger auf den Mund.
„Ich hab doch gar nichts gesagt",
erwidert Mia.
„Pst!", macht Paul noch mal
und zeigt nach vorn.

Jetzt entdeckt Mia die Maus.
Sie huscht an der Wand entlang
und durch die offene Tür
hinein in die Bücherei.
Mia und Paul laufen
schnell hinterher.

In der Bücherei ist eine Lehrerin
und blättert in einem Buch.
Die Maus klettert flink
an einem Regal hoch.
Dann schaut sie frech
zwischen den Büchern hervor.

Mia und Paul schleichen
auf Zehenspitzen näher.
„Ist die süß!", flüstert Mia
und greift nach der Maus.
Schwupp! – ist sie weg
und wieder draußen.

Leserabe Rätsel

Wer hat sich zwischen den Büchern versteckt?

Rätsel 3

Suche das richtige Wort!

J	E	M	S
O	R	A	H
F	A	U	T
G	H	S	S

Findest du die fünf Unterschiede?

Lösungen
Rätsel 3: Maus
Rätsel 4: grüner Punkt, Schrift „Tag",
lila Maus, Buchstabe „A",
gelbes Buch

3. Aufregung im Lehrerzimmer

Mia und Paul folgen ihr.
Da öffnet sich die Tür
zum Lehrerzimmer –
und schon ist die Maus drin.
Eine Lehrerin kreischt
und steigt schnell auf einen Stuhl.

Die Maus macht vor ihr Männchen,
als wolle sie hochspringen.

„Schafft die Maus weg!", ruft die Lehrerin.

21

„Die ist doch so klein und süß", sagt Mia.

„Ja", stimmt Paul ihr zu und nickt.

„Sie brauchen keine Angst zu haben,
die tut Ihnen bestimmt nichts."

Nach einer Runde durchs Lehrerzimmer
läuft die Maus hinaus
und auf den Pausenhof.

Leserabe Rätsel

Ordne die Sätze den Bilder zu!

A) Die Maus ist wütend

B) Die Maus freut sich.

C) Die Maus erschrickt.

1   **2**   **3**

Wie heißt es richtig?

Rätsel 6

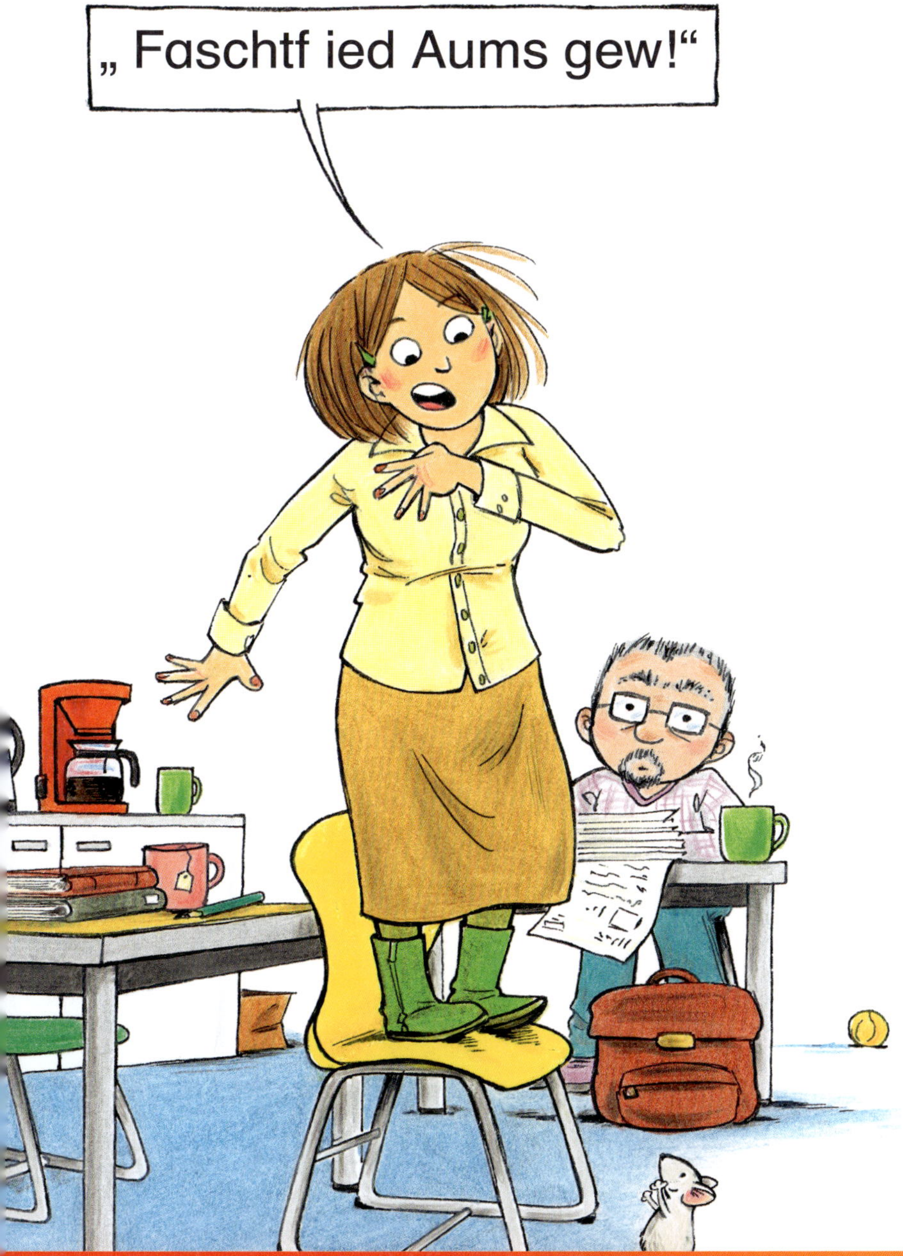
„ Faschtf ied Aums gew!“

Lösungen
Rätsel 5: 1B, 2C, 3A
Rätsel 6: „Schafft die Maus weg!“

4. Auf dem Pausenhof

Mia und Paul lassen die Maus
nicht aus den Augen.
„Ich möchte sie so gern mal streicheln",
flüstert Mia.
„Ich auch", sagt Paul.

Er überholt die Maus
und lässt sich auf die Knie fallen.
„Gleich hab ich sie!", ruft er.

Doch die Maus lässt sich
nicht so einfach einfangen.
Als Paul nach ihr greift,
wechselt die Maus
blitzschnell die Richtung
und läuft zur Sporthalle.

„Schnell, hinterher!", ruft Mia.
„Sonst ist sie weg!"
Weil schönes Wetter ist,
steht die Tür zur Halle weit offen.

Kannst du die Wörter lesen?

Rätsel 7

Tipp:

Nimm einen Spiegel.

Stuhl
Pausenhof
Lehrerin
Bücherei

Welches Wort passt nicht in die Reihe?

> **Hund, Katze, Maus, Schule**

> **Klassenzimmer, Ranzen, Musiksaal, Sporthalle**

> **Mund, Ohr, Hand, Stift**

Lösungen
Rätsel 7: Stuhl, Pausenhof, Lehrerin, Bücherei
Rätsel 8: Schule, Ranzen, Stift

31

5. Wettlauf in der Sporthalle

In der Sporthalle machen die Kinder
gerade einen Wettlauf.
Die Maus läuft mit und gewinnt.
Dann klettert sie auf das Tor.

Die Kinder drängeln sich
alle vor dem Tor,
um diese tolle Maus zu sehen.

Der Lehrer wundert sich.
„Wo kommt die denn her?"
„Von draußen", antwortet Paul.

„Ist das deine Maus?",
fragt der Lehrer Paul.
„Ja, … nein, … sie ist …"
Bevor er die Sache erklären kann,
ist die Maus wieder unten.
Sie saust durch die Sporthalle
und hinaus ins Freie.

Paul und Mia sausen hinterher.
Vor dem Zaun zum Nachbargarten
bleibt die Maus stehen.
„Schau mal, sie winkt uns",
sagt Paul.
Dann schlüpft die Maus
durch den Zaun
und ist weg.

Leserabe Rätsel

Rätsel 9

Die Kinder machen einen

| Wettschnauf |

| Wettsauf |

| Wettlauf |

36

Folge dem Weg und sammle die Buchstaben!

Wo will die Maus hin?

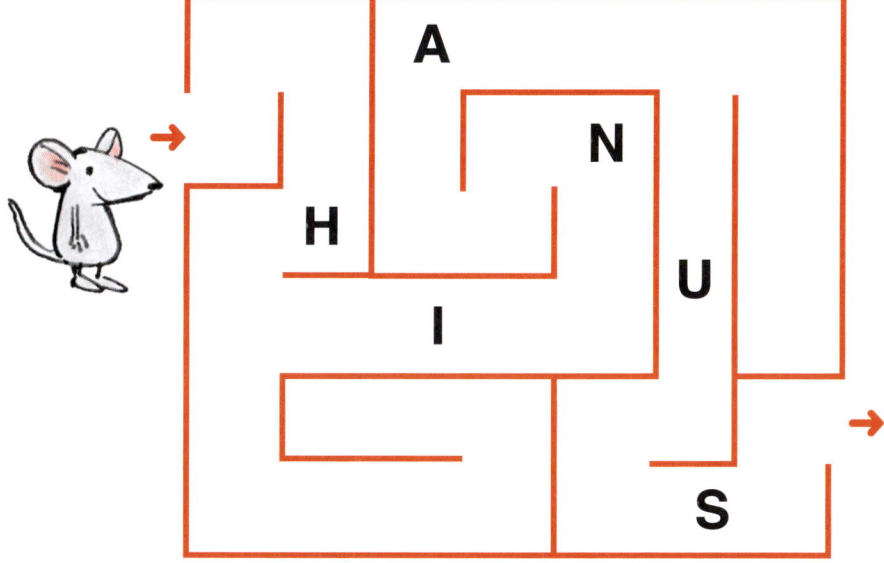

Lösungen
Rätsel 9: Wettlauf
Rätsel 10: HINAUS

6. Im Musiksaal

„Mia! Paul! Wir warten auf euch!",
ruft die Musiklehrerin.
Die beiden laufen schnell
zum Musiksaal.

„Wo wart ihn denn so lange?",
fragt die Lehrerin.
Mia und Paul erzählen
von der süßen Maus.
Die anderen Kinder
hören gespannt zu.

„Schade, dass ihr sie
nicht mitgebracht habt",
sagt ein Mädchen.
„Ich mag Mäuse."
„Ich auch! Ich auch!",
rufen einige Kinder.

Die Lehrerin lächelt.
„Dann singen wir jetzt
das schöne Lied
**Es tanzt eine Maus
in Großvaters Haus.**"
„Au ja!", rufen Mia und Paul.
„Das passt heute prima!"

Leserabe Rätsel

Welche Ausschnitte passen nicht?

Zwei Ausschnitte sind falsch!

1

2

3

4

5

Kennst du den Text?
Fülle die Lücken aus.

Rätsel 12

Mia und Paul singen seit

☐☐☐☐ Wochen im Chor.
(Seite 10)

Die Maus läuft mit und

☐☐☐☐☐☐☐☐ .
(Seite 32)

Es ☐☐☐☐☐
eine Maus in Großvaters

☐☐☐☐ . (Seite 41)

Lösungen
Rätsel 11: 2, 3
Rätsel 12: acht, gewinnt, tanzt, Haus

Rabenpost

Herzlichen Glückwunsch!

Du hast das ganze Buch geschafft
und die Rätsel gelöst, super!
Jetzt bist du richtig fit im Lesen!

Hast du auch die versteckten Buchstaben
in den Bildern der Geschichten entdeckt?

In jeder Geschichte findest du **einen**
Buchstaben.

Trage die Buchstaben in die Kästchen
ein. So findest du das Lösungswort für
die Rabenpost heraus!

Lösungswort:

1	2	3	4	5	6

Jetzt ist es Zeit für die Rabenpost.
Wenn du das Lösungswort herausgefunden
hast, kannst du tolle Preise gewinnen!

Gib es auf der  **Leserabe** Website ein
▶ www.leserabe.de,

mail es uns ▶ leserabe@ravensburger.de

oder schick es mit der Post.

Lösungswort:

An
den LESERABEN
RABENPOST
Postfach 2007
88190 Ravensburg
Deutschland

Ravensburger Bücher

Leserabe
Lies dich fit!

1. Lese-stufe

Unterwegs im Feenland

ISBN 978-3-473-**36520**-3

Abenteuer im Zoo

ISBN 978-3-473-**36521**-0

Rosa und das Einhorn

ISBN 978-3-473-**36538**-8

Maus-Alarm in der Schule

ISBN 978-3-473-**36537**-1

2. Lese-stufe

Die Baumhausdetektive

ISBN 978-3-473-**36523**-4

Piet und die Piraten

ISBN 978-3-473-**36522**-7

Das große Ballettfieber

ISBN 978-3-473-**36539**-5

Drachenjagd auf Vulkanien

ISBN 978-3-473-**36540**-1

www.leserabe.de

Tägliches
Lesetraining mit
Stickerspaß

ERZ_15_025

Ravensburger

Hol dir deine Belohnungssterne!

Schneide das Poster an der gestrichelten Linie heraus und hänge es auf. Lass dir dabei von deinen Eltern helfen.

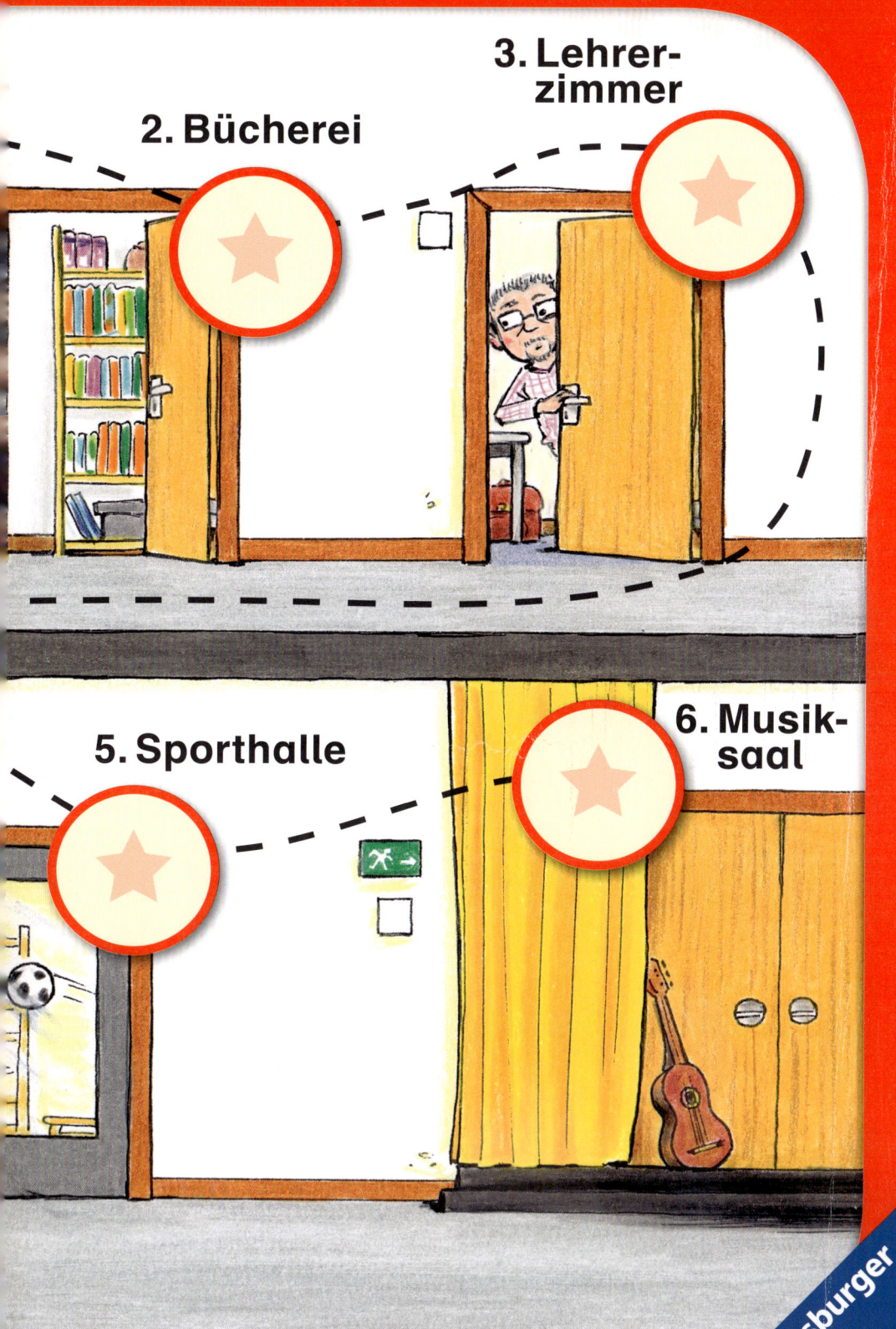

2. Bücherei

3. Lehrer-
zimmer

5. Sporthalle

6. Musik-
saal

Ravensburger